Impressum
Verlag: BABADADA GmbH, Nedderfeld 112 , 22529 Hamburg
Geschäftsführer / Verlagsleitung: Harald Hof
Druck: Books on Demand GmbH, In de Tarpen 42, 22848 Norderstedt

Imprint
Publisher: BABADADA GmbH, Nedderfeld 112 , 22529 Hamburg, Germany
Managing Director / Publishing direction: Harald Hof
Print: Books on Demand GmbH, In de Tarpen 42, 22848 Norderstedt

school
sekolah

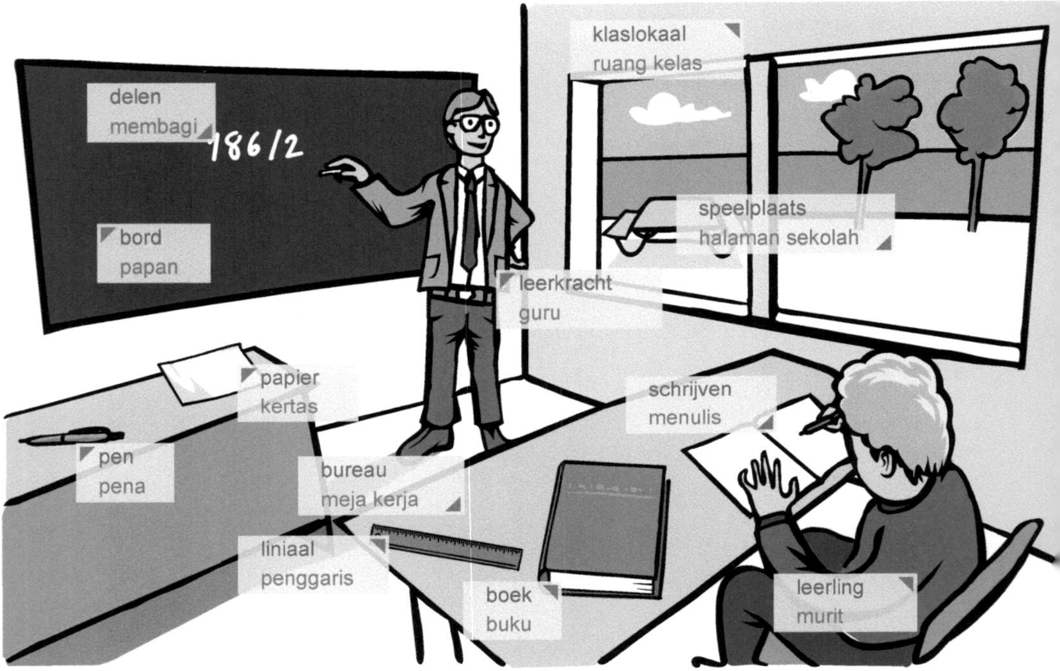

klaslokaal
ruang kelas
delen
membagi
186/2
bord
papan
speelplaats
halaman sekolah
leerkracht
guru
papier
kertas
schrijven
menulis
pen
pena
bureau
meja kerja
liniaal
penggaris
boek
buku
leerling
murit

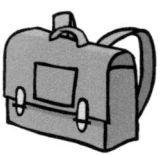

schooltas
tas sekolah

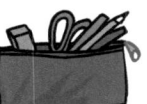

pennenzak
tempat pensil

potlood
pensil

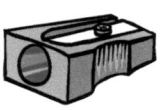

puntenslijper
pengasah pensil

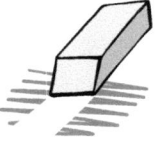

gom
penghapus

tekenblok
kertas gambar

tekening
gambar

verfborstel
kuas

verfdoos
kotak cat

schaar
gunting

lijm
lem

werkboek
buku latihan

huiswerk
pekerjaan rumah

nummer
angka

optellen
tambhakan

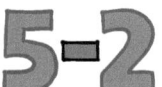

aftrekken
mengurangi

vermenigvuldigen
mengalikan

rekenen
menghitung

letter
huruf

alfabet
alfabet

woord
kata

tekst
teks

Lezen
membaca

krijt
kapur

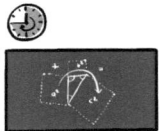

les
pelajaran

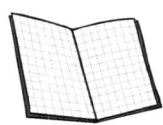

klassenboek
daftar

examen
ujian

certificaat
sertifikat

schooluniform
seragam sekolah

onderwijs
pendidikan

encyclopedie
ensiklopedi

universiteit
universitas

microscoop
mikroskop

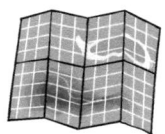

kaart
peta

papiermand
tempat sampah

reis
perjalanan

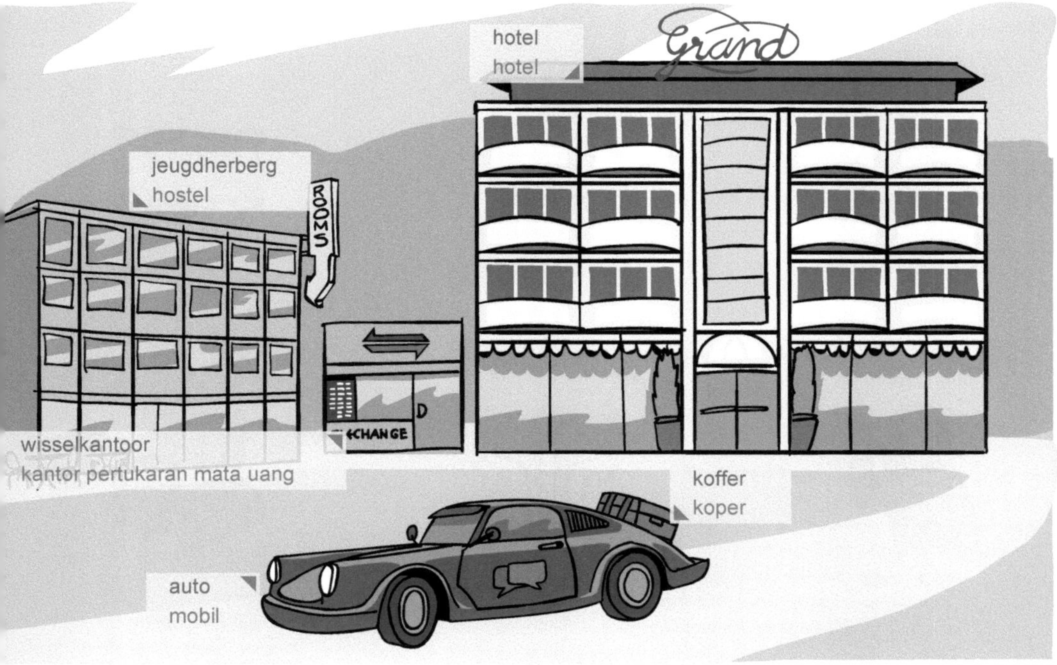
hotel
hotel
Grand
jeugdherberg
hostel
ROOMS
wisselkantoor
kantor pertukaran mata uang
CHANGE
koffer
koper
auto
mobil

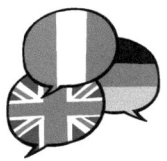

Taal

bahasa

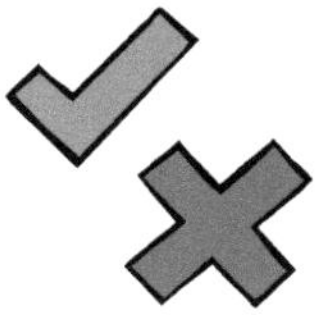

ja / nee

ya / tidak

oké

okay

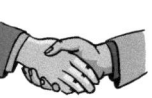

hallo

hallo

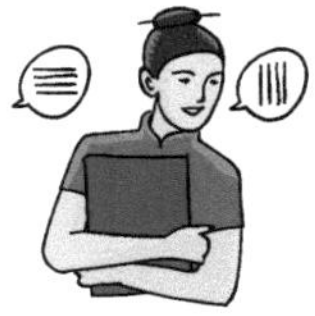

vertaler

penerjemah

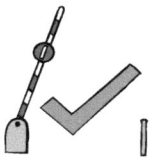

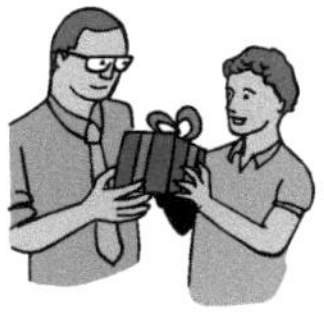

bedankt

terima kasih

Hoeveel kost …?

Berapa harganya…?

Ik begrijp het niet

saya tidak mengerti

probleem

masalah

Goedenavond!

Selamat malam!

Goedemorgen!

Selamat siang!

Goedenavond!

Selamat tidur!

Tot ziens

sampai jumpa

richting

arah

bagage

bagasi

zak

tas

rugzak

ransel

gast

tamu

kamer

ruang

slaapzak

kantong tidur

tent

tenda

toeristeninformatie

informasi wisata

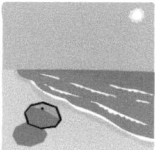

strand

pantai

kredietkaart

kartu kredit

ontbijt

sarapan

lunch

makan siang

avondeten

makan malam

ticket

tiket

lift

elevator

postzegel

perangko

grens

perbatasan

douane

cukai

ambassade

kedutaan

visum

visa

paspoort

paspor

transport
transportasi

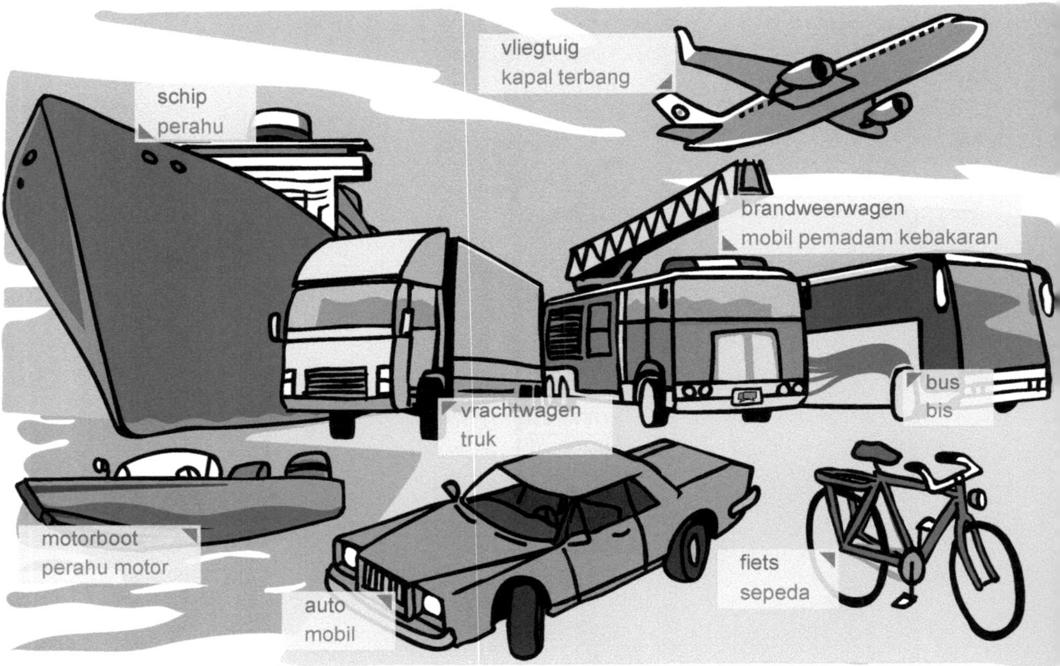

vliegtuig
kapal terbang
schip
perahu
brandweerwagen
mobil pemadam kebakaran
bus
bis
vrachtwagen
truk
motorboot
perahu motor
fiets
sepeda
auto
mobil

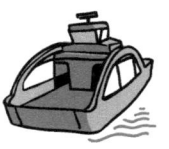

veerboot

feri

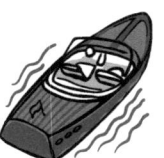

boot

perahu

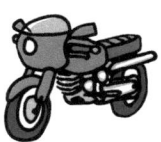

motor

sepeda motor

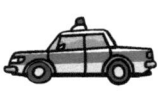

politiewagen

mobil polisi

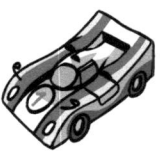

racewagen

mobil balapan

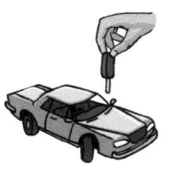

huurauto

mobil sewa

carpoolen

berbagi mobil

sleepwagen

truk derek

vuilniswagen

truk sampah

motor

motor

benzine

bahan bakar

benzinestation

bensin

verkeersbord

tanda lalulintas

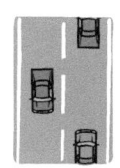

verkeer

lalulintas

file

macet

parkeerplaats

parkir mobil

station

stasiun kereta

sporen

trek

trein

kereta api

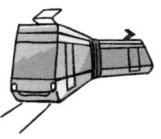

tram

tram

wagon

gerobak

helikopter
helikopter

luchthaven
bendara

toren
menara

passagier
penumpang

container
container

karton
karton

kar
troli

mand
keranjang

opstijgen / landen
berangkat / mendarat

stad
kota

dorp
desa

stadscentrum
pusat kota

huis
rumah

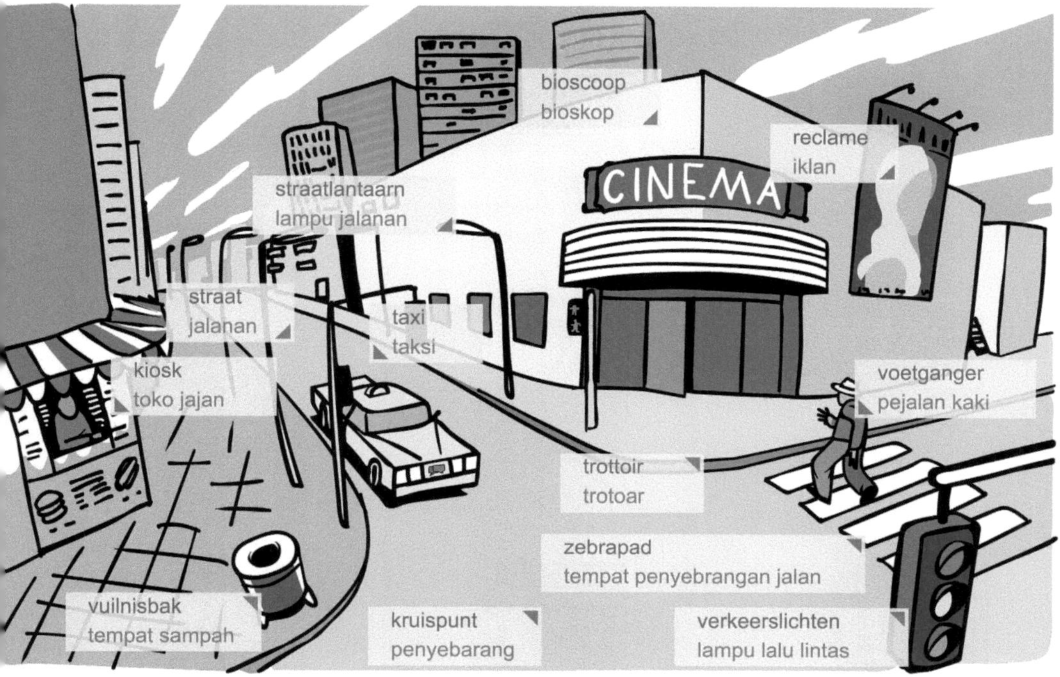
bioscoop
bioskop
reclame
iklan
CINEMA
straatlantaarn
lampu jalanan
straat
jalanan
taxi
taksi
kiosk
toko jajan
voetganger
pejalan kaki
trottoir
trotoar
zebrapad
tempat penyebrangan jalan
vuilnisbak
tempat sampah
kruispunt
penyebarang
verkeerslichten
lampu lalu lintas

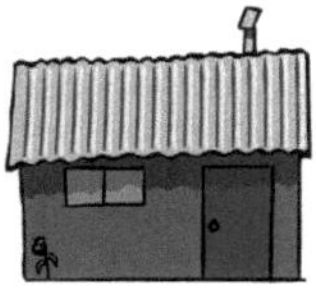

hut

gubuk

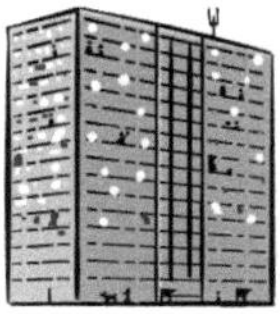

woning

rumah flat

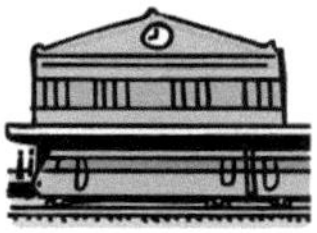

station

stasiun kereta

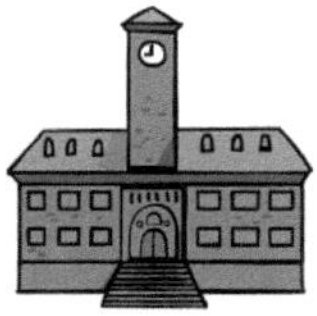

stadshuis

balai kota

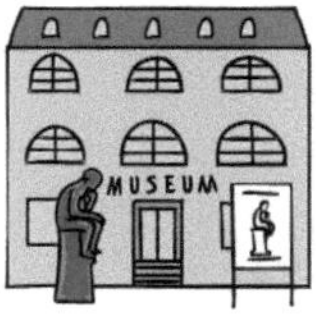
MUSEUM

museum

museum

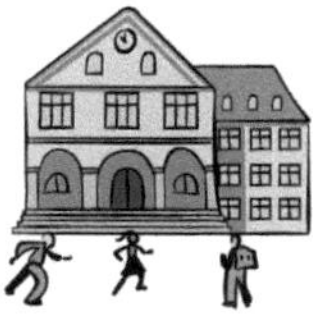

school

sekolah

universiteit

universitas

bank

bank

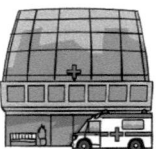

ziekenhuis

rumah sakit

hotel

hotel

apotheek

farmasi

kantoor

kantor

boekwinkel

toko buku

winkel

toko

bloemenwinkel

toko bunga

supermarkt

supermarket

markt

pasar

warenhuis

toko serba ada

vishandelaar

nelayan

winkelcentrum

pusat belanja

haven

pelabuhan

park

taman

bank

banku

brug

jembatan

trap

tangga

metro

kereta bawah tanah

tunnel

terowongan

bushalte

pemberhantian bis

bar

bar

restaurant

restauran

brievenbus

kotak surat

straatnaambord

tanda jalan

parkeermeter

meteran parkir

zoo

kebun binatang

zwembad

kolam renang

moskee

mesjid

boerderij
pertanian

milieuverontreiniging
polusi

kerkhof
kuburan

kerk
gereja

speelplaats
tempat bermain

tempel
pura

landschap

pemandangan

blad
daun

wegwijzer
penunjuk arah

weg
jalanan

weide
padang rumput

steen
batu

boom
pohon

wandelaar
pejalak kaki

rivier
sungai

gras
rumput

bloem
bunga

vallei

lembah

heuvel

bukit

meer

danau

bos

hutan

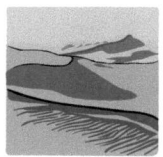

woestijn

padang gurun

vulkaan

gunung berapi

kasteel

istana

regenboog

pelangi

paddenstoel

jamur

palmboom

pohon palem

mug

nyamuk

vlieg

lalat

mier

semut

bijl

lebah

spin

laba-laba

kever

kumbang

kikker

kodok

eekhoorn

tupai

egel

landak

haas

kelinci

uil

burung hantu

vogel

burung

zwaan

angsa

wild zwijn

babi jantan

hert

rusa

eland

rusa

dam

bendungan

windturbine

turbin angin

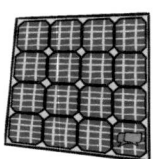

zonnepaneel

panel surya

klimaat

iklim

ober
pelayan

menu
daftar makanan

stoel
kursi

soep
sup

pizza
pizza

bestek
peralatan makan

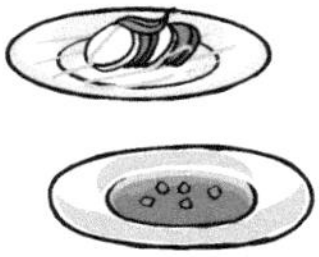

tafelkleed
taplak

voorgerecht

hindangan pembuka

hoofdgerecht

hidangan utama

nagerecht

hidangan penutup

drankjes

minuman

eten

makanan

fles

botol

fastfood

fastfood

street food

masakan jalanan

theepot

teko teh

suikerpot

kaleng gula

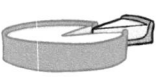

portie

porsi

espressomachine

mesin espresso

kinderstoel

kursi tinggi

rekening

tagihan

dienblad

baki

mes

pisau

vork

garpu

lepel

sendok

theelepel

sendok teh

serviette

serbet

glas

gelas

restaurant - restauran

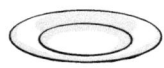

bord
piring

soepbord
piring sup

schoteltje
lepek

saus
saus

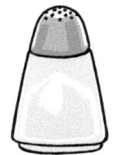

zoutvatje
tempat garam

pepermolen
gilingan merica

azijn
cuka

olie
minyak

kruiden
bumbu

ketchup
saus tomat

mosterd
mustar

mayonaise
mayones

supermarkt
supermarket

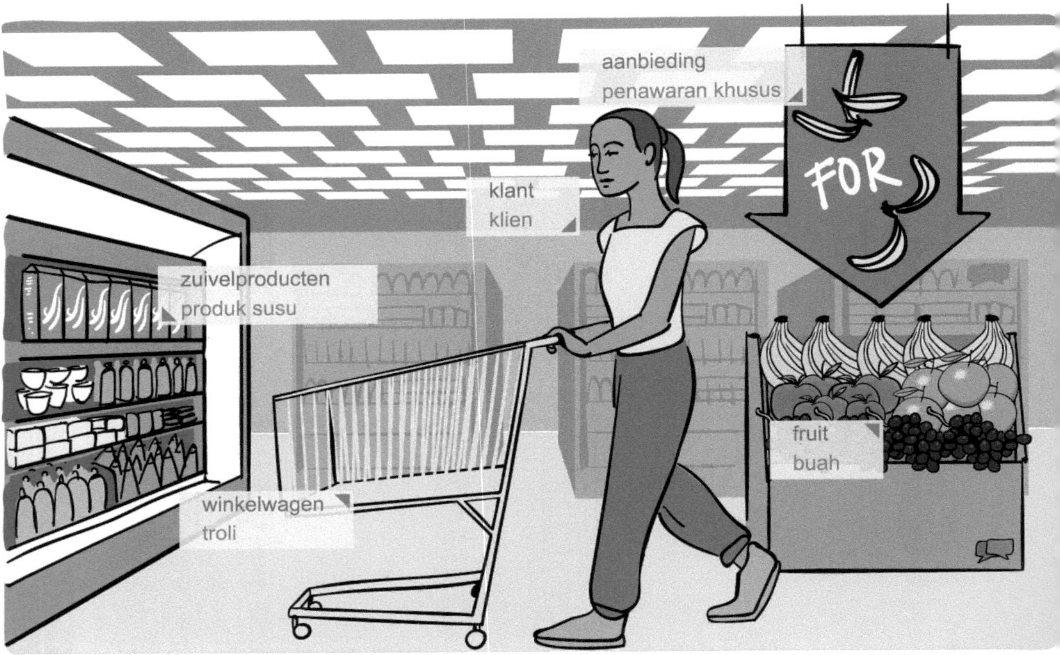

aanbieding
penawaran khusus
FOR
klant
klien
zuivelproducten
produk susu
fruit
buah
winkelwagen
troli

BUTCHERS

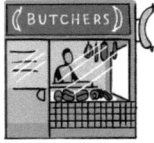

slagerij
pembantai

BAKERY

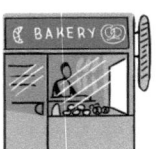

bakkerij
toko roti

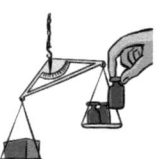

wegen
menimbang

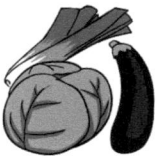

groenten
sayur

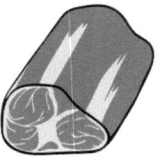

vlees
daging

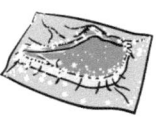

diepvriesvoedsel
makanan beku

charcuterie

pemotongan dingin

conserven

makanan kaleng

waspoeder

sabun serbuk

snoep

permen

huishoudproducten

alat-alat rumah tangga

schoonmaakproducten

obat pembersihan

verkoopster

penjual

kassa

kasa

kassier

kasir

boodschappenlijstje

daftar belanja

openingstijden

jam buka

portefeuille

dompet

kredietkaart

kartu kredit

tas

tas

plastieken zakje

kantong plastik

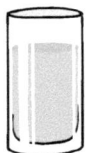

water
air

sap
jus

melk
susu

cola
cola

wijn
anggur

bier
bir

alcohol
alkohol

cacao
coklat

thee
teh

koffie
kopi

espresso
espresso

cappuccino
cappucino

banaan

pisang

appel

apel

sinaasappel

jeruk

meloen

semangka

citroen

jeruk lemon

wortel

wortel

knoflook

bawang putih

bamboe

bambu

ajuin

bawang bombai

champignon

jamur

noten

kacang

noodles

mi

spaghetti

spagetti

rijst

nasi

salade

salat

frieten

kentang goreng

gebakken aardappelen

kentang goreng

pizza

pizza

hamburger

hamburger

sandwich

sandwich

kalfslapje

sayatan

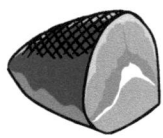

ham

ham

salami

salami

worst

sosis

kip

ayam

braden

menggoreng

vis

ikan

havervlokken

bubur gandum

muesli

sereal

cornflakes

cornflakes

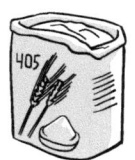

bloem

tepung

croissant

croissant

pistolet

roti

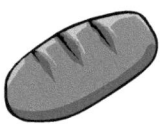

brood

roti

toast

toast

koekjes

biskuit

boter

mentega

kwark

dadih

taart

kue

ei

telur

spiegelei

telur goreng

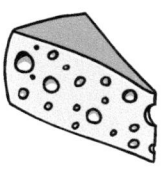

kaas

keju

ijs

eskrim

suiker

gula

honing

madu

confituur

selai

choco

krim nugat

curry

kare

eten - makanan

boerderij
pertanian

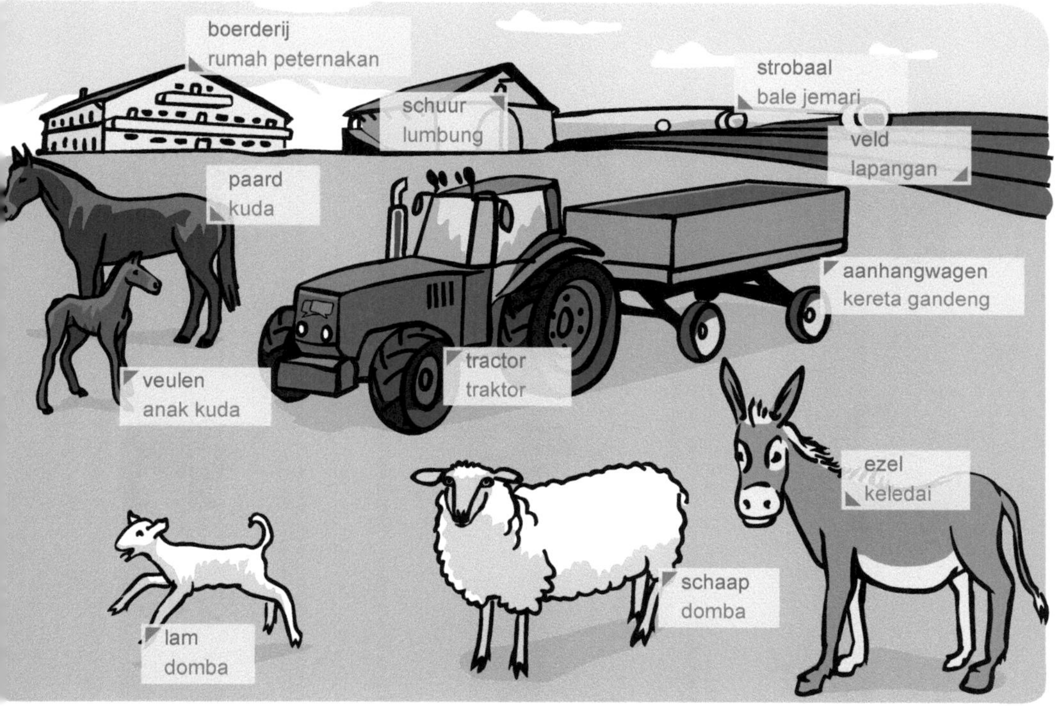

boerderij
rumah peternakan
schuur
lumbung
strobaal
bale jemari
veld
lapangan
paard
kuda
aanhangwagen
kereta gandeng
tractor
traktor
veulen
anak kuda
ezel
keledai
schaap
domba
lam
domba

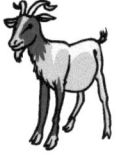

geit
kambing

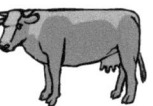

koe
sapi

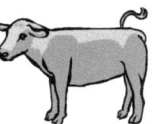

kalf
betis

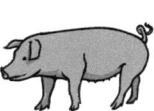

varken
babi

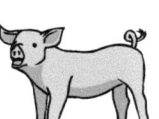

biggetje
celeng

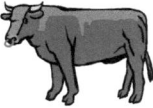

stier
banteng

gans

angsa

eend

bebek

kuiken

anak ayam

kip

ayam

haan

ayam jantan

rat

tikus

kat

kucing

muis

tikus

os

lembu

hond

anjing

hondenhok

rumah anjing

tuinslang

selang

gieter

penyiram

zeis

sabit

ploeg

bajak

sikkel

sabit

schoffel

cangkul

hooivork

garpu rumput

bijl

kapak

kruiwagen

gerobak

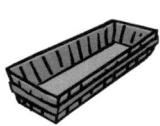

trog

palung

melkkan

kaleng susu

zak

karung

hek

pagar

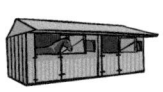

stal

kandang

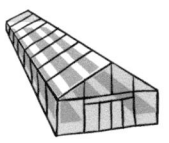

broeikas

rumah kaca

bodem

tanah

zaad

benih

mest

pupuk

maaidorser

mesin pemanen

oogsten

panen

oogst

panen

yam

yams

tarwe

gandum

soja

kedelai

aardappel

kentang

maïs

jagung

koolzaad

lobak

fruitboom

pohon buah

maniok

singkong

graan

sereal

huis
rumah

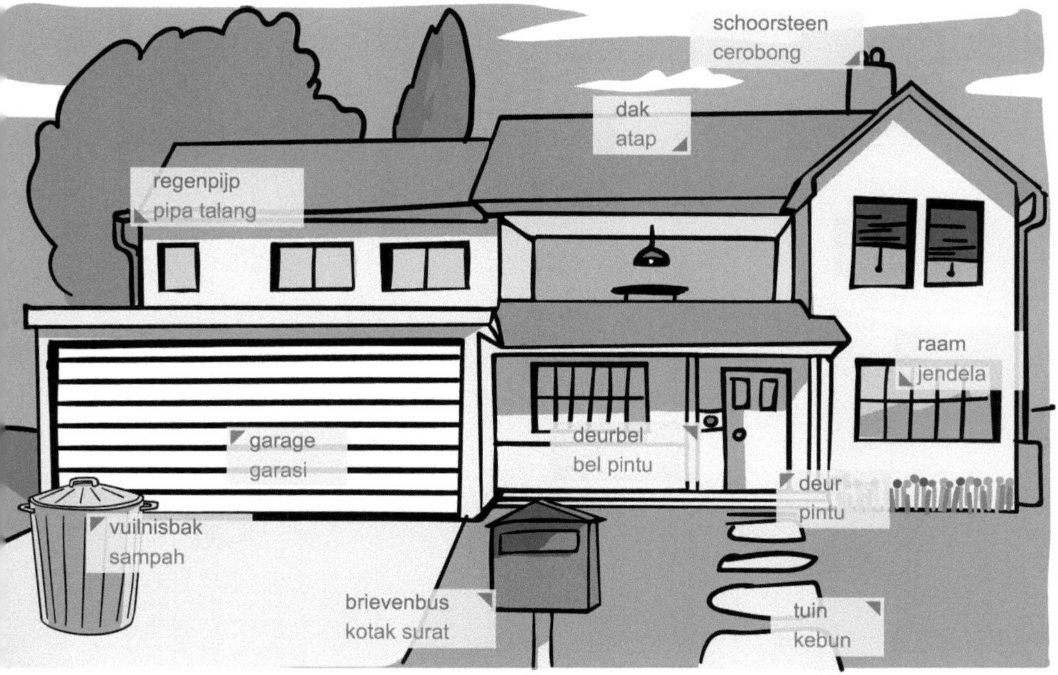
schoorsteen
cerobong
dak
atap
regenpijp
pipa talang
raam
jendela
garage
garasi
deurbel
bel pintu
deur
pintu
vuilnisbak
sampah
brievenbus
kotak surat
tuin
kebun

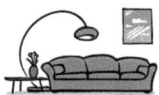

woonkamer

ruang tamu

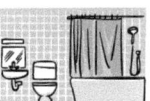

badkamer

kamar mandi

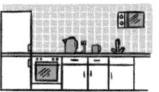

keuken

dapur

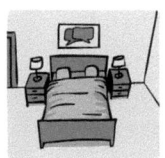

slaapkamer

kamar tidur

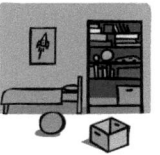

kinderkamer

kamar anak

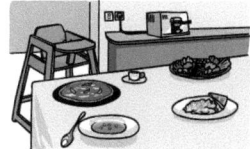

eetkamer

kamar makan

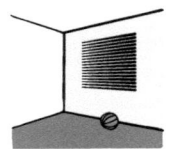

vloer
lantai

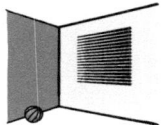

muur
tembok

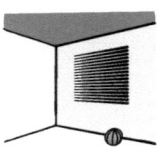

plafond
atap

kelder
gudang di bawah tanah

sauna
sauna

balkon
balkon

terras
teras

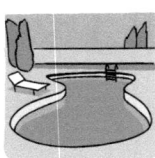

zwembad
kolam renang

grasmaaier
mesin pemotong rumput

dekbedovertrek
sprei

dekbed
selimut

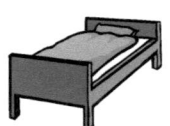

bed
tempat tidur

bezem
sapu

emmer
ember

schakelaar
tombol

woonkamer
ruang tamu

behangpapier
kertas dinding
foto
gambar
lamp
lampu
schap
rak
kast
kabinet
televisie
televisi
open haard
perapian
bloem
bunga
kussen
bantal
sofa
sofa
vaas
vas
afstandsbediening
remote control

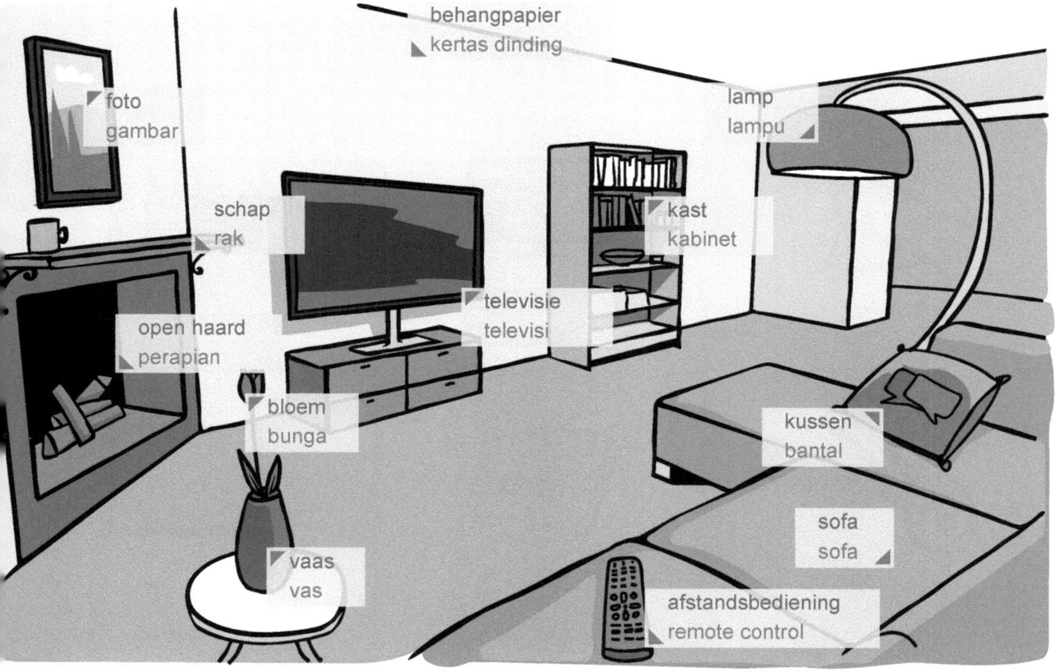

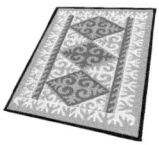

mat

karpet

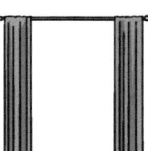

gordijn

korden

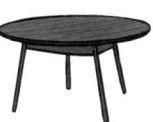

tafel

meja

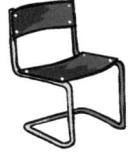

stoel

kursi

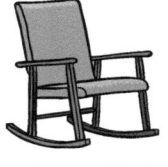

schommelstoel

kursi goyang

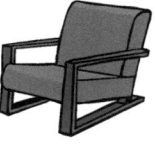

fauteuil

kursi malas

boek

buku

deken

selimut

decoratie

dekorasi

brandhout

kayu bakar

film

filem

stereo-installatie

hi-fi

sleutel

kunci

krant

koran

schilderij

lukisan

poster

poster

radio

radio

notitieboekje

buku tulis

stofzuiger

penyedot debu

cactus

kaktus

kaars

lilin

keuken
dapur

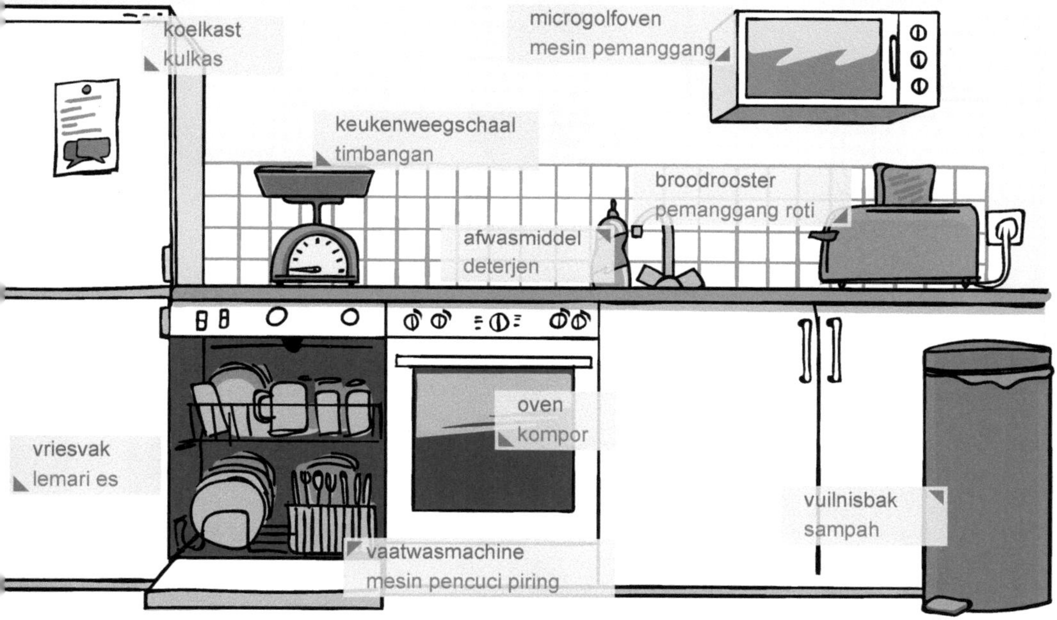
koelkast
kulkas
microgolfoven
mesin pemanggang
keukenweegschaal
timbangan
broodrooster
pemanggang roti
afwasmiddel
deterjen
oven
kompor
vriesvak
lemari es
vuilnisbak
sampah
vaatwasmachine
mesin pencuci piring

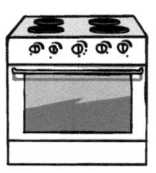

fornuis
kompor

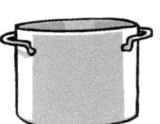

pot
panci

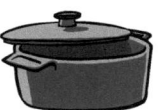

gietijzeren pot
panci besi

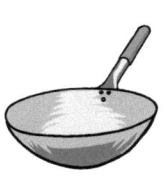

wok / kadai
wajan

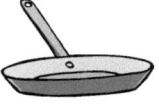

pan
panci

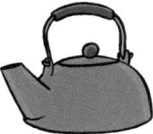

waterkoker
pemanas air

stoomkoker

panci pengukus makanan

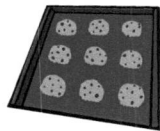

bakplaat

nampan

servies

piring

mok

cangkir

kom

mangkok

eetstokjes

sumpit

pollepel

sendok sup

spatel

sudip

garde

mengocok

vergiet

saringan

zeef

saringan

rasp

parutan

mortier

mortir

barbecue

barbeque

haardvuur

api terbuka

snijplank

papan memotong

deegrol

gilingan

kurkentrekker

alat pembuka botol

blik

kaleng

blikopener

pembuka kaleng

pannenlap

pegangan panci

gootsteen

wastafel

borstel

sikat

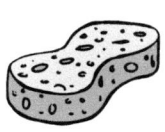

spons

busa

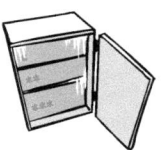

blender

mesin pencampur

vriezer

lemari es

papfles

botol bayi

kraan

keran

keuken - dapur

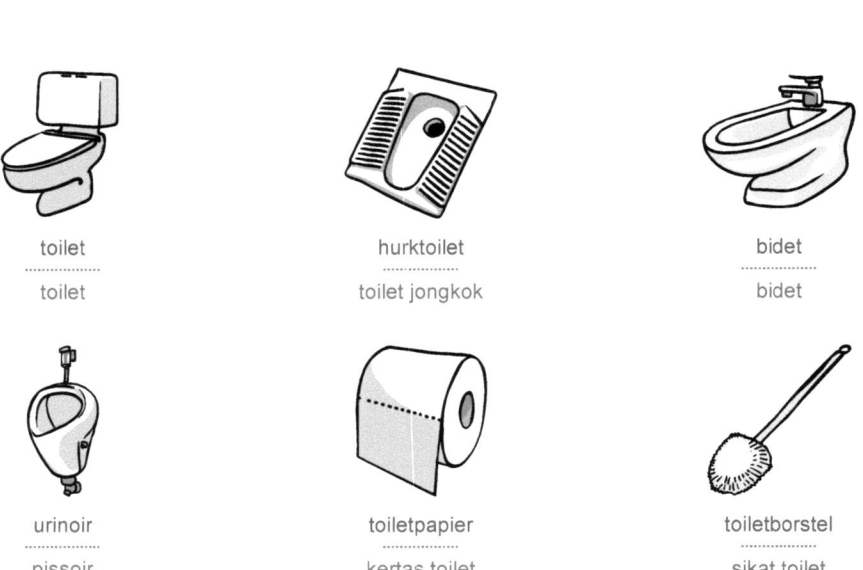

badkamer
kamar mandi

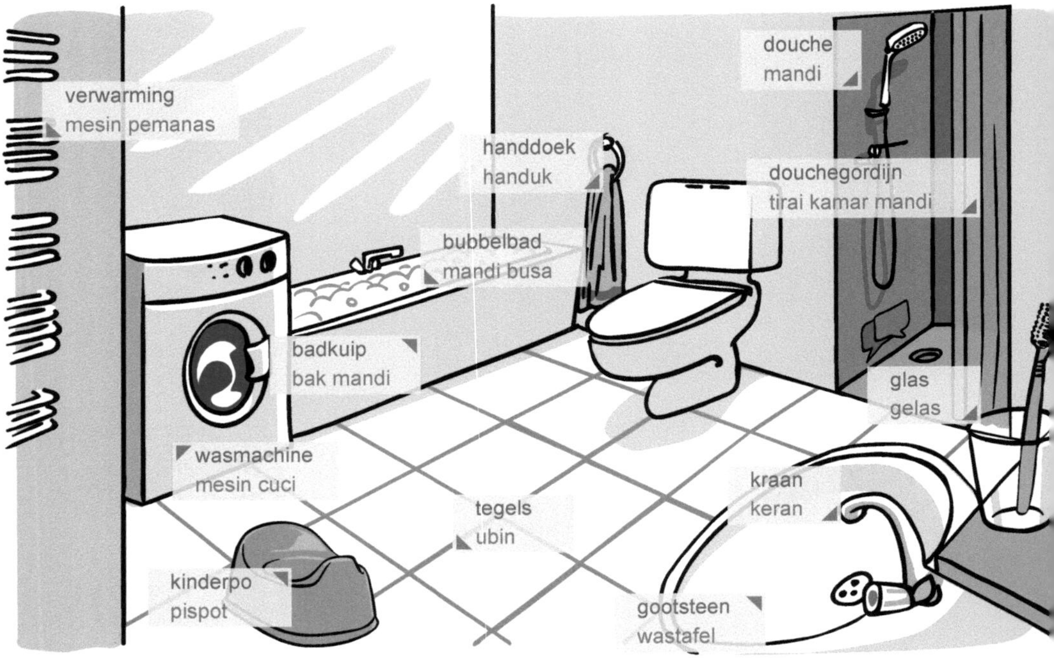

douche
mandi
verwarming
mesin pemanas
handdoek
handuk
douchegordijn
tirai kamar mandi
bubbelbad
mandi busa
badkuip
bak mandi
glas
gelas
wasmachine
mesin cuci
kraan
keran
tegels
ubin
kinderpo
pispot
gootsteen
wastafel

toilet
toilet

hurktoilet
toilet jongkok

bidet
bidet

urinoir
pissoir

toiletpapier
kertas toilet

toiletborstel
sikat toilet

tandenborstel

sikat gigi

tandpasta

pasta gigi

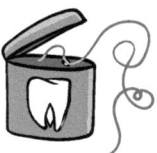

flosdraad

benang gigi

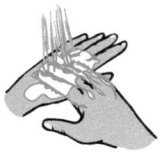

wassen

menyuci

handdouche

pancuran tangan

bidethanddouche

pancuran

waskom

bak

rugborstel

sikat punggung

zeep

sabun

douchegel

gel mandi

shampoo

sampo

washandje

planel

afvoer

kuras

crème

krim

deodorant

deodoran

spiegel

kaca

handspiegel

cermin tangan

scheermes

pisau cukur

scheerschuim

busa cukur

aftershave

aftershave

kam

sisir

borstel

sikat

haardroger

alat pengering rambut

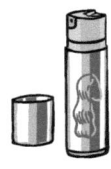

haarlak

semprot rambut

make-up

makeup

lippenstift

lipstik

nagellak

cat kuku

watten

kapas

nagelknipper

gunting kuku

parfum

minyak wangi

toilettas

kantong pencuci

kruk

bangku

weegschaal

timbangan

badjas

mantel mandi

latex handschoenen

sarung tangan karet

tampon

tampon

maandverband

handuk pembalut

chemisch toilet

toilet kimia

kinderkamer
kamar anak

wekker
jam alarm
knuffel
boneka tidur
speelgoedauto
mobil-mobilan
rammelaar
kelintung
poppenhuis
rumah boneka
geschenk
kado

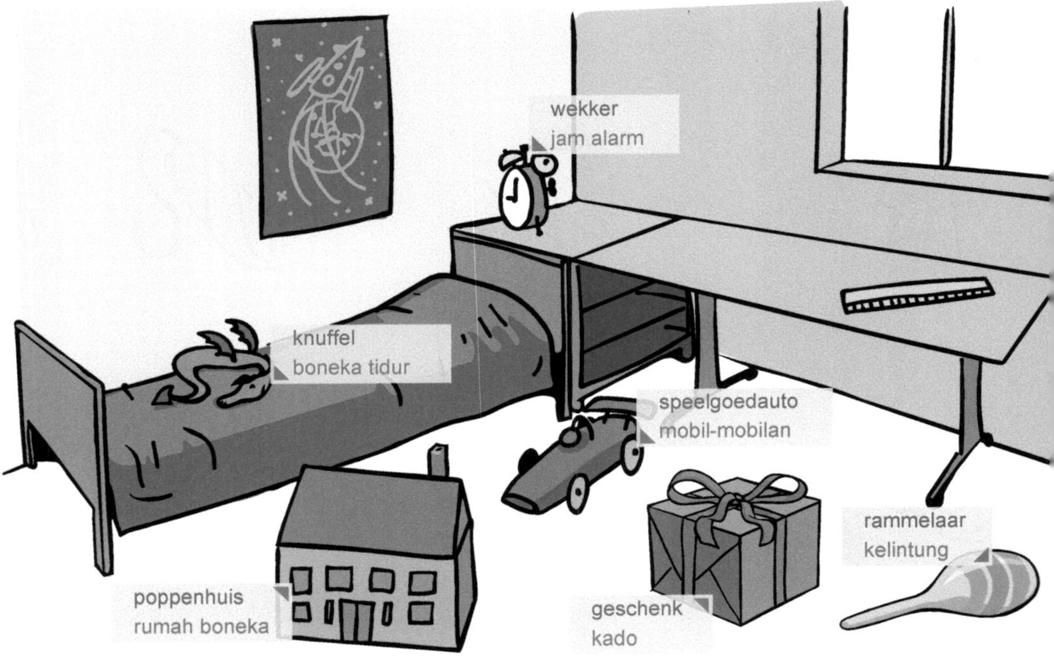

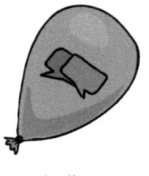

ballon

balon

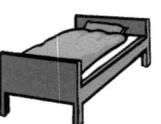

bed

tempat tidur

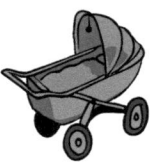

kinderwagen

kereta bayi

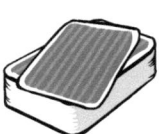

spel kaarten

mainan kartu

puzzel

teka-teki

SUPER
MEGA

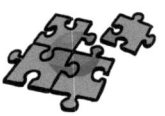

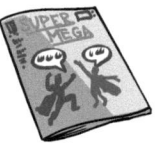

stripboek

komik

legoblokjes

mainan lego

blokken

blok mainan

actiefiguur

figur aksi

kruippakje

baju monyet

frisbee

frisbee

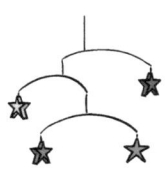

mobiel

mobile

bordspel

permainan papan

dobbelsteen

dadu

modelspoorweg

set model kreta api

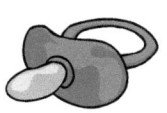

fopspeen

dot

feest

pesta

prentenboek

buku gambar

bal

bola

pop

boneka

spelen

bermain

zandbak

tempat main pasir

schommel

ayunan

speelgoed

mainan

spelconsole

video game konsol

driewieler

sepeda roda tiga

knuffelbeer

teddy

kleerkast

lemari pakaian

kleding
pakaian

sokken

kaos kaki

kousen

kaos kaki

maillot

baju ketat

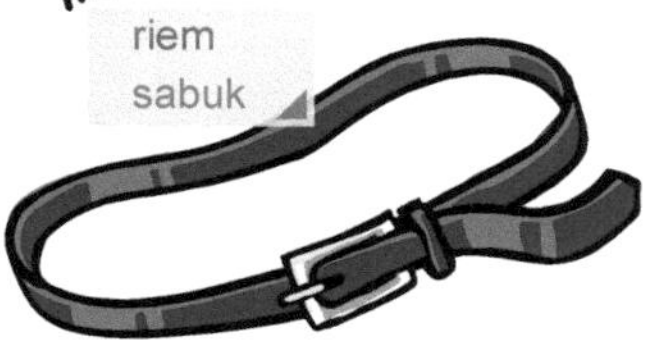

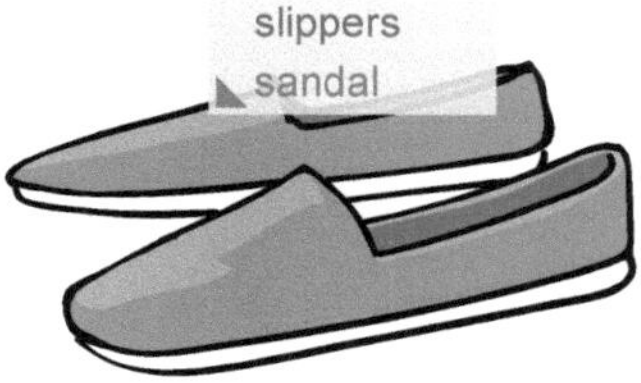

sjaal
syal

paraplu
payung

riem
sabuk

T-shirt
kaos

laarzen
sepatu bot

slippers
sandal

sneakers
sepatu

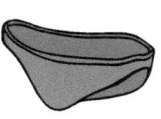
sandalen
....
sandal

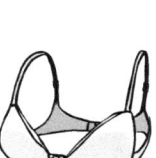
schoenen
....
sepatu

rubberlaarzen
....
sepatu bot karet

onderbroek
....
celana dalam

beha
....
BH

onderhemd
....
baju rompi

kleding - pakaian

lichaam

body

broek

celana

jeans

jeans

rok

rok

blouse

blus

hemd

kemeja

trui

aket berkerudung

capuchontrui

sweater

blazer

jaket

jas

jaket

jas

mantel

regenjas

jas hujan

kostuum

kostum

jurk

gaun

trouwjurk

gaun pengantin

pak

setelan resmi

nachthemd

gaun tidur

pyjama

piyama

sari

sari

hoofddoek

jilbab

tulband

turban

boerka

burka

kaftan

kaftan

abaya

abaya

badpak

pakaian renang

zwembroek

celana renang

short

celana pendek

trainingspak

olah raga

schort

celemek

handschoenen

sarung tangan

knoop

kancing

bril

kacamata

armband

gelang

ketting

kalung

ring

cincin

oorbel

anting

pet

topi

kapstok

gantungan mantel

hoed

topi

das

dasi

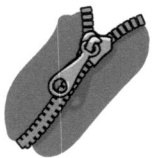

rits

ritsleting

helm

helm

bretellen

tali selempang

schooluniform

seragam sekolah

uniform

seragam

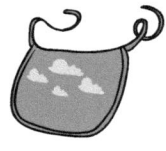

slabbetje

oto

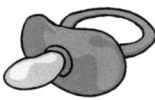

fopspeen

dot

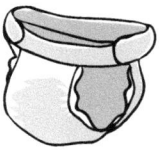

luier

popok

kantoor

kantor

server
server
dossierkast
lemari arsip
papier
kertas
printer
pencetak
monitor
layar
muis
mouse komputer
bureau
meja kerja
map
tempat pengarsipan
toestenbord
papan tombol
papiermand
tempat sampah
computer
computer
stoel
kursi

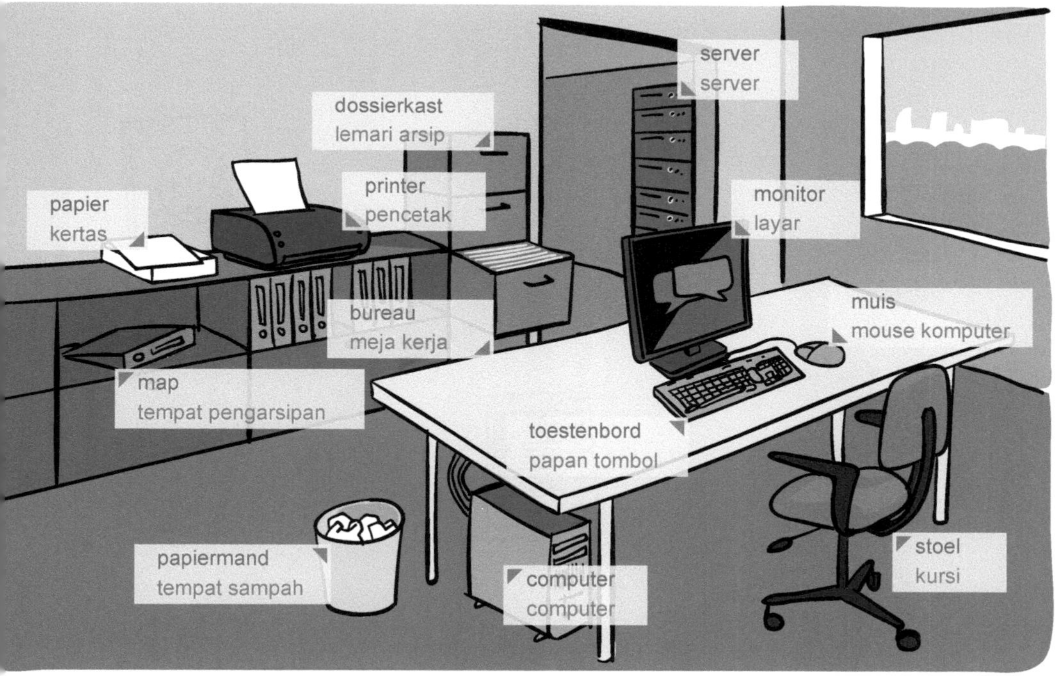

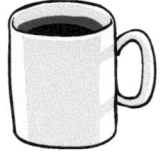

koffiemok

cangkir kopi

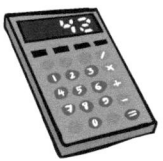

rekenmachine

kalkulator

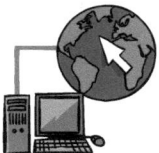

internet

internet

laptop
laptop

brief
surat

bericht
pesan

gsm
telepon seluler

netwerk
jaringan

kopieerapparaat
fotokopi

software
software

telefoon
telepon

stopcontact
plug soket

fax
mesin fax

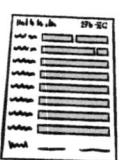

formulier
formulir

document
dokumen

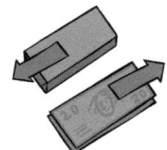

kopen
membeli

betalen
membayar

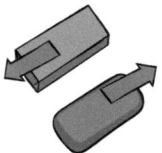

handelen
berdagang

geld
uang

USD

dollar
Dollar

EUR

euro
Euro

JPY

yen
Yen

RUB

roebel
Rubel

CHF

Zwitserse frank
Franc Swiss

CNY

Chinese renminbi
Renminbi Yuan

INR

roepie
Rupiah

geldautomaat
ATM

wisselkantoor

kantor pertukaran mata uang

goud

emas

zilver

perak

olie

minyak

energie

energi

prijs

harga

contract

kontrak

belasting

pajak

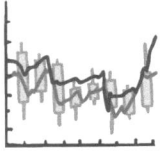

aandeel

saham

werken

bekerja

werknemer

karyawan

werkgever

majikan

fabriek

pabrik

winkel

toko

economie - ekonomi

beroepen
pekerjaan

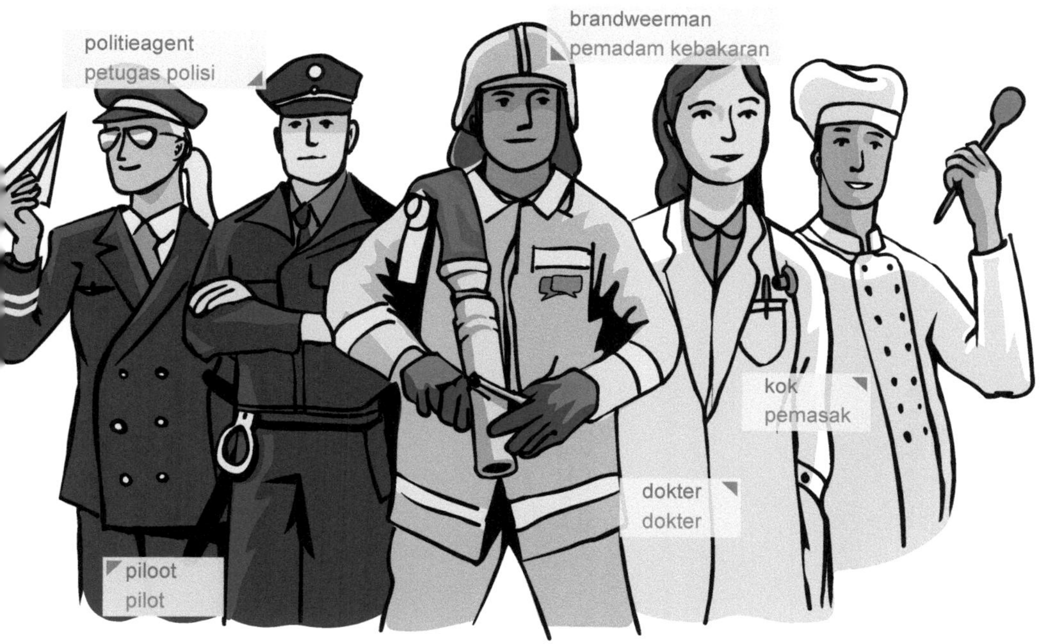
brandweerman
pemadam kebakaran
politieagent
petugas polisi
kok
pemasak
dokter
dokter
piloot
pilot

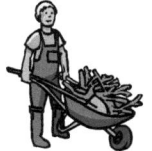

tuinman
tukan kebun

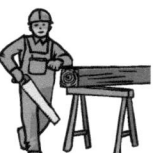

timmerman
tukang kayu

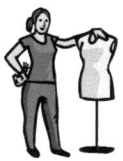

naaister
penjahit wanita

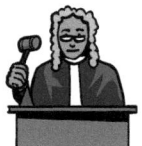

rechter
hakim

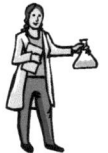

chemicus
ahli kimia

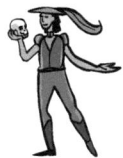

acteur
aktor

buschauffeur

sopir bis

taxichauffeur

sopir taksi

visser

nelayan

schoonmaakster

pembantu

dakdekker

tukang atap

ober

pelayan

jager

pemburu

schilder

pelukis

bakker

tukang roti

elektricien

tukang listrik

bouwvakker

pembangun

ingenieur

insinyur

slager

tukang daging

loodgieter

tukang ledeng

postbode

tukang pos

soldaat
tentara

architect
arsitek

kassier
kasir

bloemist
penjual bunga

kapper
penata rambut

conducteur
konduktor

mecanicien
montir

kapitein
kapten

tandarts
dokter gigi

wetenschapper
ilmuwan

rabbijn
rabbi

imam
imam

monnik
biarawan

geestelijke
pendeta

werktuigen
alat

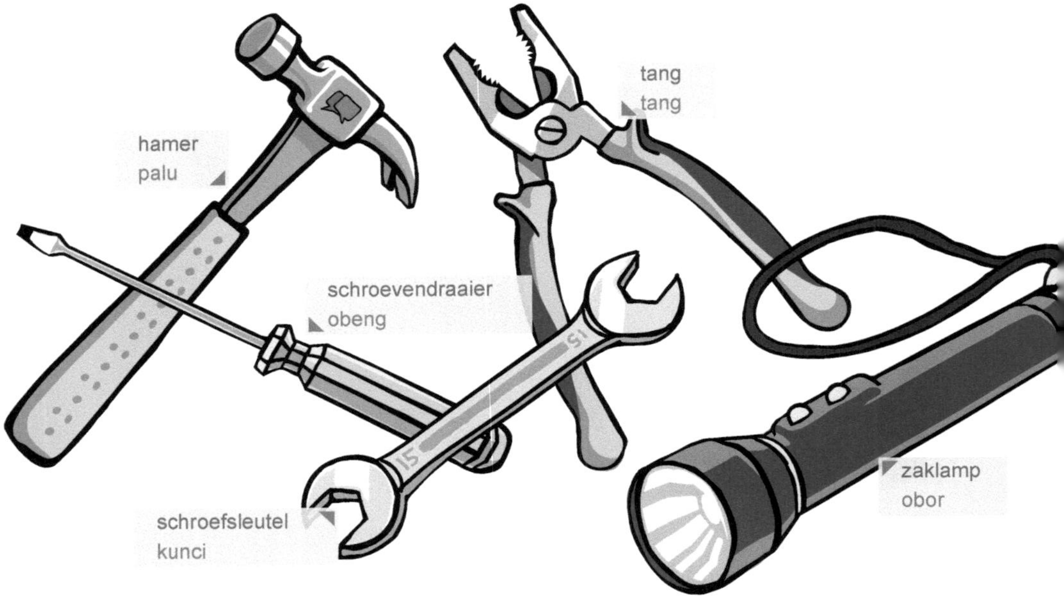
hamer
palu
tang
tang
schroevendraaier
obeng
zaklamp
obor
schroefsleutel
kunci

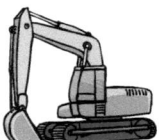

graafmachine

penggali

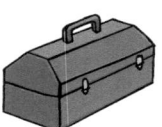

gereedschapskoffer

tas perkakas

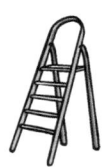

ladder

tangga

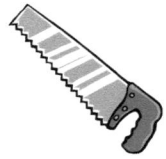

zaag

gergaji

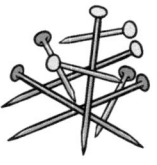

spijkers

paku

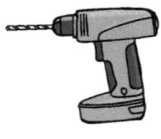

boormachine

bor

repareren

perbaikan

schop

sekop

Verdomme!

Sialan!

blik

cikrak

verfpot

pot cat

schroeven

sekrup

muziekinstrumenten
alat musik

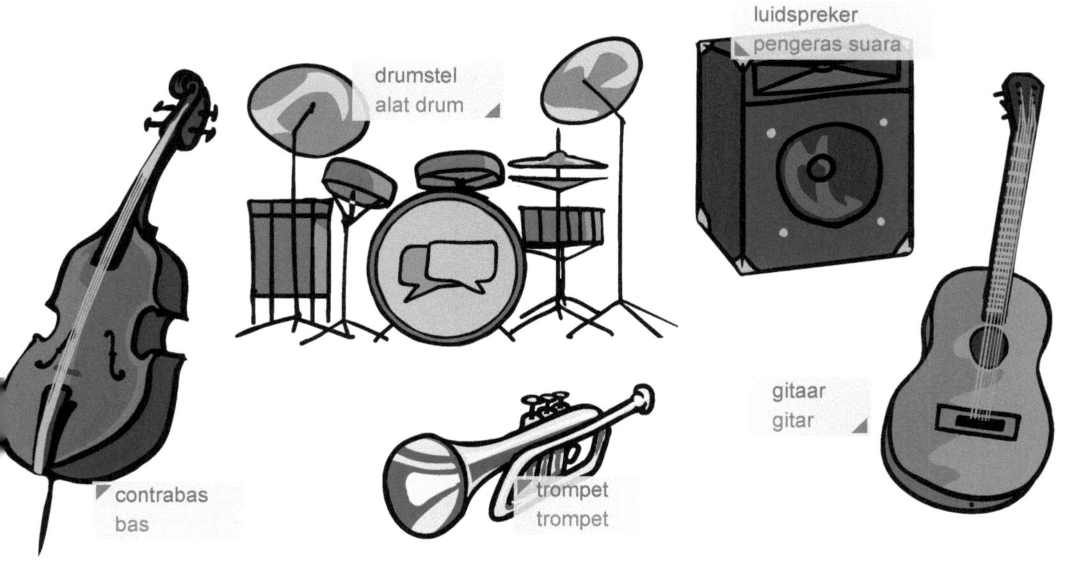

drumstel
alat drum

luidspreker
pengeras suara

gitaar
gitar

contrabas
bas

trompet
trompet

piano

piano

viool

violin

basgitaar

bass

pauk

tambur

trommels

drum

keyboard

keyboard

saxofoon

saksofon

fluit

suling

microfoon

mikrofon

zoo
kebun binatang

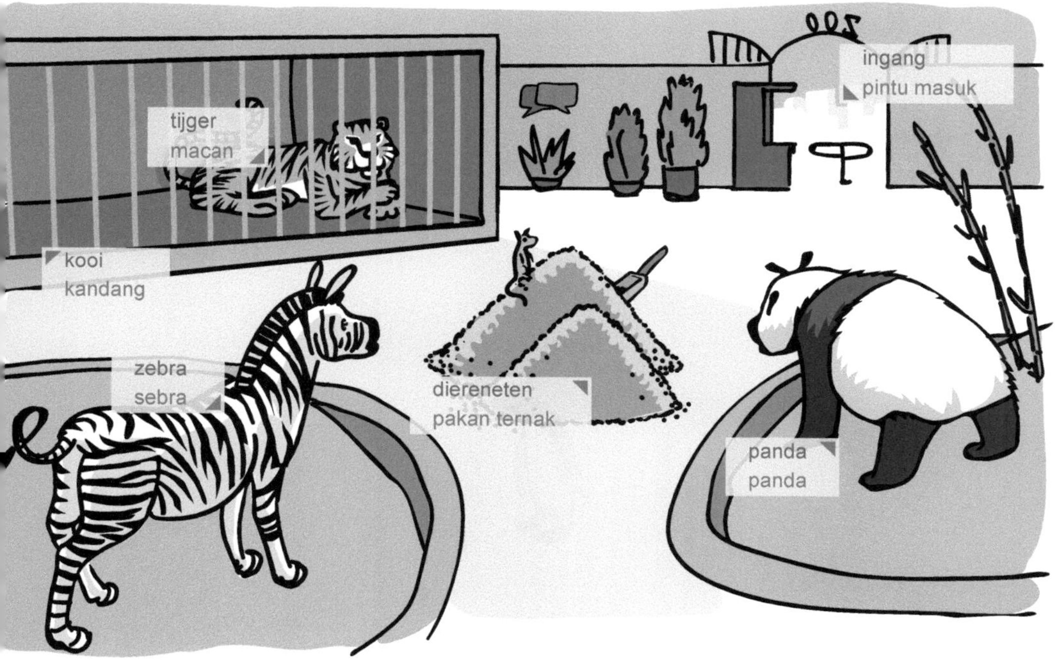
zoo
ingang
pintu masuk
tijger
macan
kooi
kandang
zebra
sebra
diereneten
pakan ternak
panda
panda

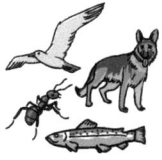

dieren
hewan

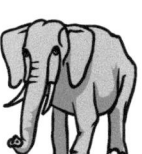

olifant
gajah

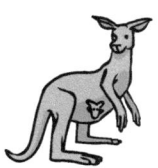

kangoeroe
kanguru

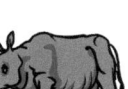

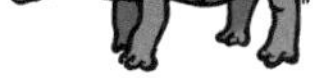

neushoorn
badak

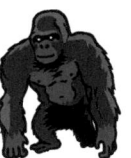

gorilla
gorila

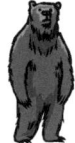

beer
beruang

kameel

unta

struisvogel

burung unta

leeuw

singa

aap

monyet

flamingo

flamingo

papegaai

burung beo

ijsbeer

beruang polar

pinguïn

penguin

haai

hiu

pauw

merak

slang

ular

krokodil

buaya

dierenverzorger

penjaga kebun binatang

zeehond

segel

jaguar

jaguar

pony

kuda poni

luipaard

macan tutul

nijlpaard

kuda nil

giraffe

jerapah

adelaar

burung elang

wild zwijn

babi jantan

vis

ikan

zeeschildpad

kura-kura

walrus

anjing laut

vos

rubah

gazelle

kijang

rugby
american football

wielrennen
naik sepeda

tennis
tennis

basketbal
basketbal

zwemmen
bernang

boksen
tinju

ijshockey
hoki es

voetbal
sepak bola

badminton
badminton

atletiek
atletik

handbal
bola tangan

skiën
main ski

polo
polo

springen
meloncat

knuffelen
memeluk

lachen
ketawa

wandelen
berjalan

zingen
menyanyi

dromen
mengimpi

bidden
berdoa

kussen
mencium

schrijven
menulis

tekenen
melukis

tonen
menunjuk

duwen
mendorong

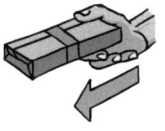

geven
memberikan

nemen
mengambil

hebben

mempunyai

doen

melakukan

zijn

adalah

staan

berdiri

lopen

berlari

trekken

menarik

gooien

melempar

vallen

jatuh

liggen

tidur

wachten

menunggu

dragen

membawa

zitten

duduk

aankleden

berpakaian

slapen

tidur

ontwaken

bangun

kijken naar

melihat

wenen

menangis

aaien

mengelus

kammen

menyisir

praten

berbicara

begrijpen

mengerti

vragen

menanyak

luisteren

mendengar

drinken

minum

eten

makan

opruimen

merapikan

houden van

cinta

koken

memasak

rijden

menyetir

vliegen

terbang

zeilen

berlayar

rekenen

menghitung

Lezen

membaca

leren

belajar

werken

bekerja

trouwen

menikah

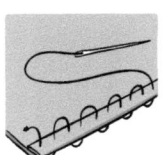

naaien

menjahit

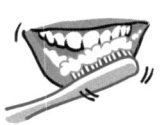

tandenpoetsen

sikat gigi

doden

membunuh

roken

merokok

sturen

kirim

grootmoeder
nenek

grootvader
kakek

vader
bapak

moeder
ibu

baby
bayi

dochter
putri

zoon
putra

gast

tamu

tante

bibi

oom

paman

broer

kakak laki

zus

kakak perempuan

lichaam
badan

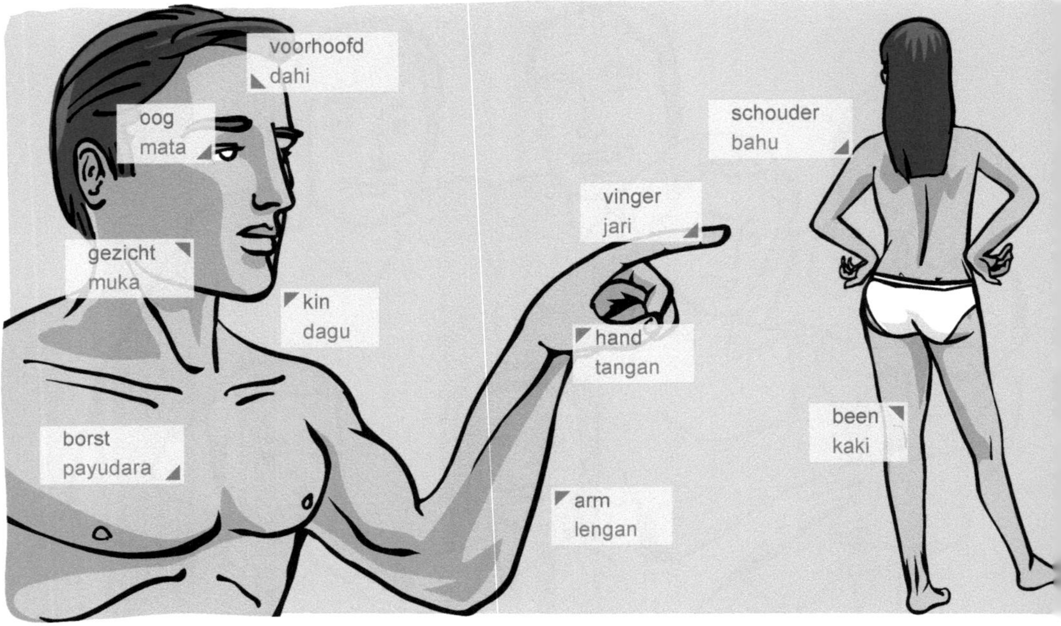

voorhoofd
dahi

oog
mata

schouder
bahu

vinger
jari

gezicht
muka

kin
dagu

hand
tangan

borst
payudara

been
kaki

arm
lengan

baby

bayi

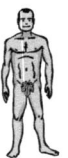

man

pria

vrouw

wanita

meisje

perempuan

jongen

laki

hoofd

kepala

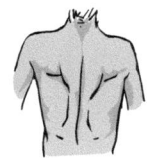

rug

punggung

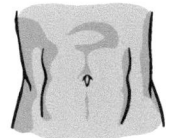

buik

perut

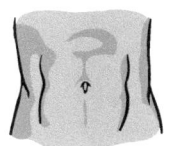

navel

pusar

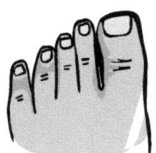

teen

toe

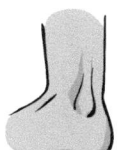

hiel

tumit

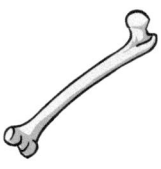

bot

tulang

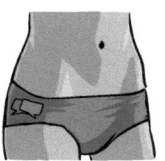

heup

pinggang

knie

lutut

elleboog

siku

neus

hidung

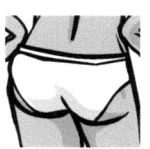

zitvlak

pantat

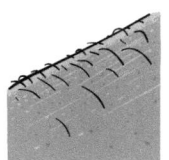

huid

kulit

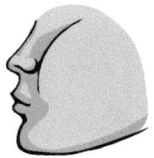

wang

pipi

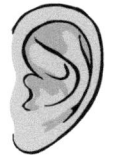

oor

telinga

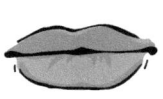

lip

bibir

mond
mulut

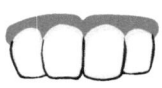

tand
gigi

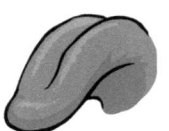

tong
lidah

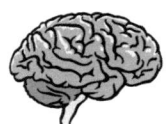

hersenen
otak

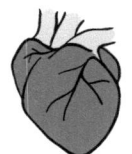

hart
jantung

spier
otot

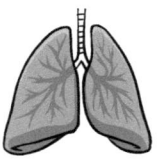

long
paru-paru

lever
hati

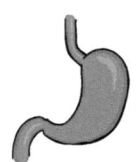

maag
stomach

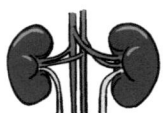

nieren
ginjal

seks
hubungan seks

condoom
kondom

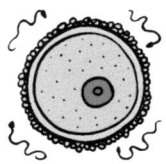

eicel
sel telur

sperma
sperma

zwangerschap
kehamilan

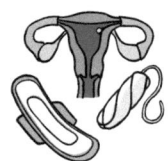

menstruatie

menstruasi

vagina

vagina

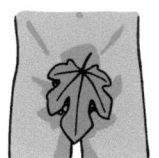

penis

penis

wenkbrauw

alis

haar

rambut

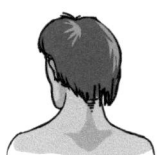

nek

leher

ziekenhuis
rumah sakit

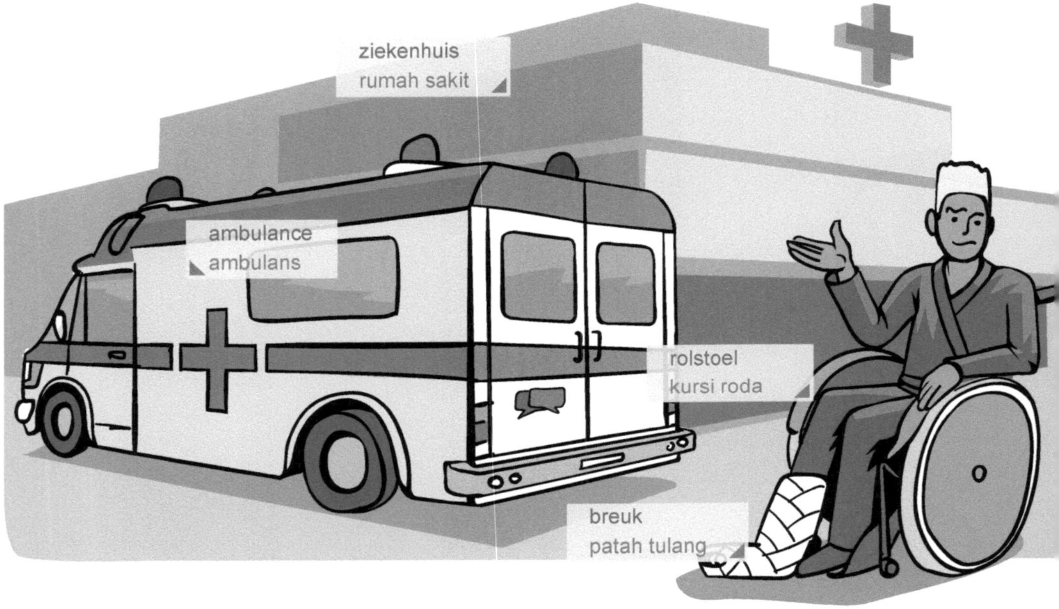

ziekenhuis
rumah sakit
ambulance
ambulans
rolstoel
kursi roda
breuk
patah tulang

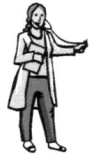

dokter
dokter

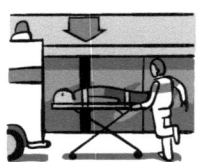

spoed
ruang darurat

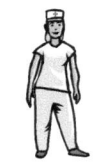

verpleegkundige
perawat

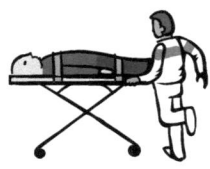

noodgeval
darurat

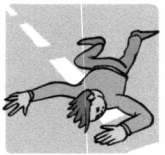

bewusteloos
semaput

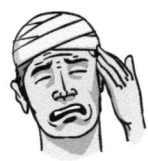

pijn
sakit

verwonding

cedera

bloeding

perdarahan

hartaanval

serangan jantung

beroerte

stroke

allergie

alergi

hoest

batuk

koorts

demam

griep

flu

diarree

diare

hoofdpijn

sakit kepala

kanker

kanker

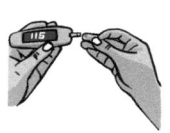

diabetes

diabetes

chirurg

ahli bedah

scalpel

pisau bedah

operatie

operasi

CT

CT

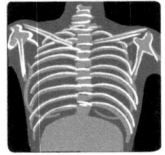

röntgenstraal

sinar x

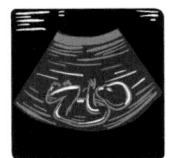

ultrageluid

usg

gezichtsmasker

topeng

ziekte

penyakit

wachtkamer

ruang tunggu

kruk

penyokong

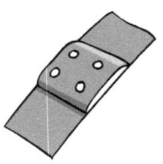

pleister

plester

verband

perban

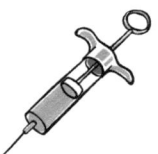

injectie

injeksi

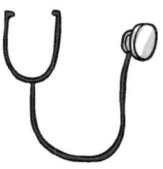

stethoscoop

stetoskop

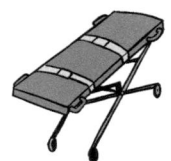

brancard

usungan

thermometer

termometer klinis

geboorte

kelahiran

overgewicht

kelebihan berat badan

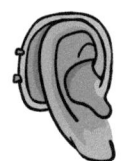

hoorapparaat

alat pendengar

ontsmettingsmiddel

desinfektan

infectie

infeksi

virus

virus

HIV / AIDS

HIV / AIDS

medicijn

obat

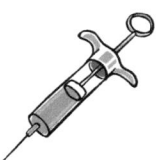

vaccinatie

vaksinasi

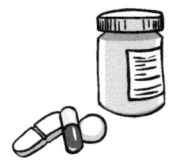

tabletten

tablet

pil

pil

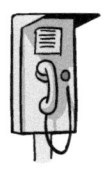

noodoproep

panggilan darurat

bloeddrukmeter

ukur tekanan darah

ziek / gezond

sakit / sehat

Help!
Tolong!

alarm
alarm

overval
penyerbuan

aanval
serangan

gevaar
bahaya

nooduitgang
pintu darurat

Brand!
Api!

brandblusser
alat pemadam kebakaran

ongeval
kecelakaan

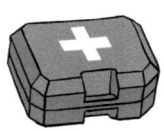

EHBO-kit
kit pertolongan pertama

SOS
SOS

politie
polisi

Europa

Eropa

Noord-Amerika

Amerika Utara

Zuid-Amerika

Amerika Selatan

Afrika

Afrika

Azië

Asia

Australië

Australi

Atlantische Oceaan

Atlantik

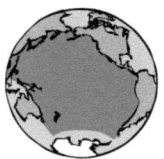

Stille Oceaan

Pasifik

Indische Oceaan

Samudra India

Antarctische Oceaan

Samudra Antartika

Arctische Oceaan

Samudra Arktik

Noordpool

kutub utara

Zuidpool

kutub selatan

Antarctica

Antarktika

aarde

bumi

land

tanah

zee

laut

eiland

pulau

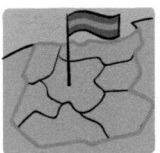

natie

bangsa

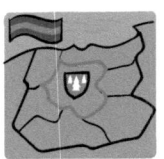

staat

negara

wijzerplaat

jam wajah

uurwijzer

jarum pendek

minuutwijzer

jarum menit

secondewijzer

jarum detik

Hoe laat is het?

Jam berapa?

dag

hari

tijd

waktu

nu

sekarang

digitale horloge

jam digital

minuut

menit

uur

jam

week
minggu

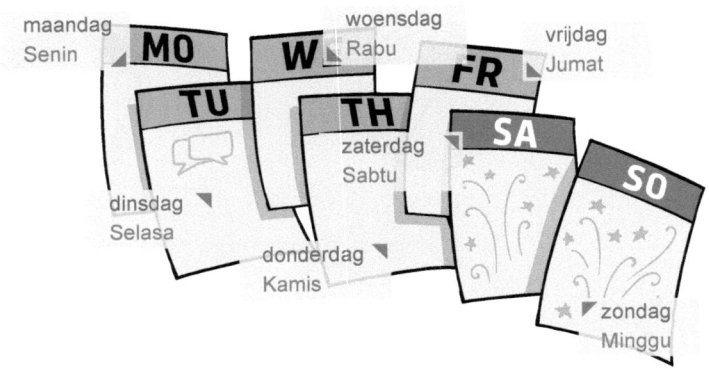

maandag
Senin

woensdag
Rabu

vrijdag
Jumat

dinsdag
Selasa

zaterdag
Sabtu

donderdag
Kamis

zondag
Minggu

gisteren
kemaren

vandaag
hari ini

morgen
besok

ochtend
pagi

middag
siang

avond
malam

werkdagen
hari kerja

weekend
akhir minggu

jaar
tahun

regen
hujan
regenboog
pelangi
wind
angin
sneeuw
salju
lente
musim semi
zomer
musim panas
herfst
musim gugur
winter
musim dingin

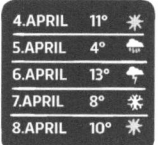

4.APRIL 11°
5.APRIL 4°
6.APRIL 13°
7.APRIL 8°
8.APRIL 10°

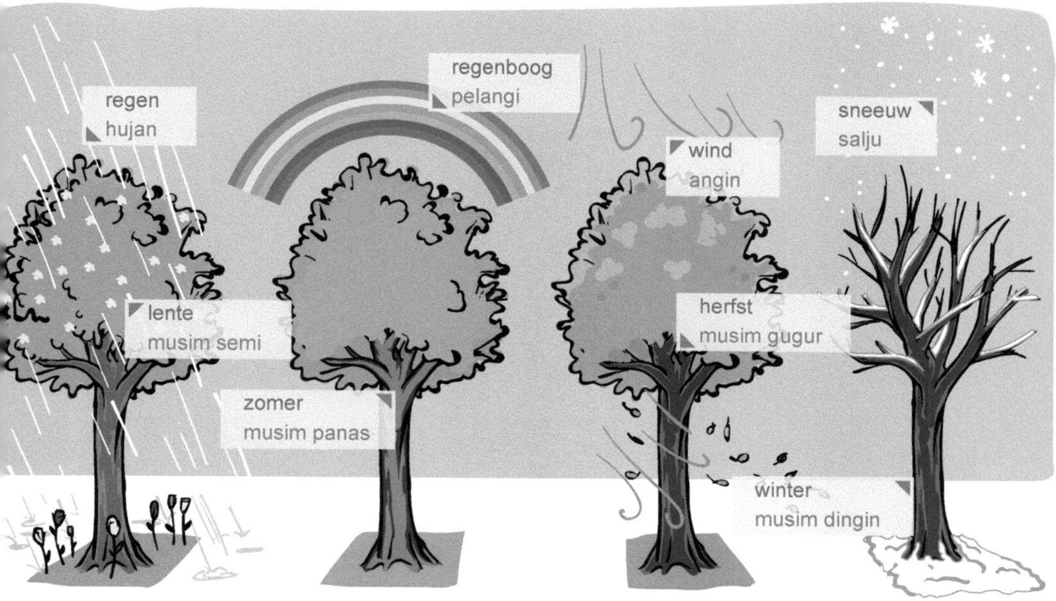

weervoorspelling

ramalan cuaca

F
C
120
90
60
30
0
-30
40
30
20
10
0
-10
-20

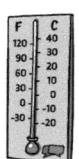

thermometer

termometer

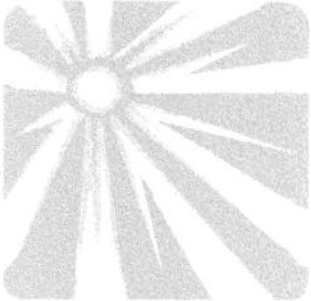

zonneschijn

matahari

wolk

awan

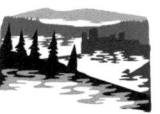

mist

kabut

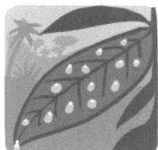

vochtigheid

kelembahan

bliksem
kilat

donder
guntur

storm
badai

hagel
hujan es

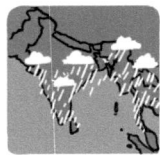

moesson
monsun

overstroming
banjir

ijs
es

januari
Januari

februari
Februari

maart
Maret

april
April

mei
Mei

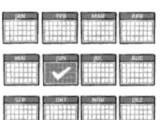

juni
Juni

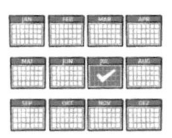

juli
Juli

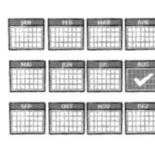

augustus
Agustus

september
....
September

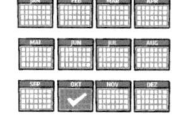

oktober
....
Oktober

november
....
November

december
....
Desember

vormen
bentuk

cirkel
....
lingkaran

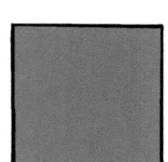

kwadraat
....
persegi

rechthoek
....
persegi panjang

driehoek
....
segi tiga

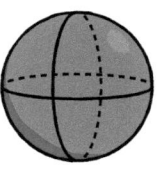

bol
....
bola

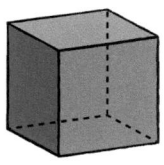

kubus
....
kubus

wit

putih

geel

kuning

oranje

oranye

roze

pink

rood

merah

paars

ungu

blauw

biru

groen

hijau

bruin

coklat

grijs

abu-abu

zwart

hitam

veel / weinig

banyak / sedikit

boos / kalm

marah / tenang

mooi / lelijk

cantik / jelek

begin / einde

mulaih / selesai

groot / klein

besar / kecil

licht / donker

terang / gelap

broer / zus

saudara laki-laki / saudara perempuan

proper / vuil

bersih / kotor

volledig / onvolledig

lengkap / tidak lengkap

dag / nacht

hari / malam

dood / levend

mati / hidup

breed / smal

luas / sempit

eetbaar / oneetbaar

dapat dimakan / tidak dapat
dimakan

kwaadaardig / vriendelijk

jahat / baik

opgewonden / verveeld

bersemangat / bosan

dik / dun

gemuk / kurus

eerst / laatst

pertama / terakhir

vriend / vijand

teman / musuh

vol / leeg

penuh / kosong

hard / zacht

keras / lembut

zwaar / licht

berat / enteng

honger / dorst

lapar / haus

ziek / gezond

sakit / sehat

illegaal / legaal

ilegal / legal

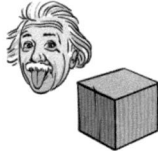

intelligent / dom

cerdas / bodoh

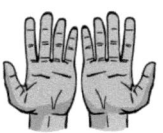

links / rechts

kiri / kanan

dichtbij / veraf

dekat / jauh

nieuw / gebruikt

baru / bekas

niets / iets

tidak ada apapun / sesuatu

oud / jong

tua / muda

aan / uit

nyala / mati

open / dicht

buka / tutup

stil / luid

tenang / keras

rijk / arm

kaya / miskin

juist / fout

benar / salah

ruw / glad

kasar / halus

droevig / blij

sedih / gembira

kort / lang

pendek / panjang

traag / snel

pelan-pelan / cepat

nat / droog

basah / kering

warm / koud

hangat / sejuk

oorlog / vrede

perang / damai

0	**1**	**2**
nul	één	twee
nol	satu	dua

3	**4**	**5**
drie	vier	vijf
tiga	empat	lima

6	**7**	**8**
zes	zeven	acht
enam	tujuh	delapan

9	**10**	**11**
negen	tien	elf
sembilan	sepuluh	sebelas

12

twaalf

duabelas

13

dertien

tigabelas

14

veertien

empatbelas

15

vijftien

limabelas

16

zestien

enambelas

17

zeventien

tujuhbelas

18

achtien

delapanbelas

19

negentien

sembilanbelas

20

twintig

duapuluh

100

honderd

seratus

1.000

duizend

seribu

1.000.000

miljoen

juta

Engels

Inggris

Amerikaans Engels

bahasa Inggris Amerika

Chinees (Mandarijn)

bahasa Cina Mandarin

Hindi

bahasa Hindi

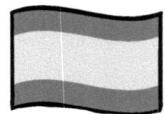

Spaans

bahasa Spanyol

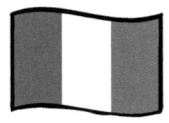

Frans

bahasa Perancis

Arabisch

bahasa Arab

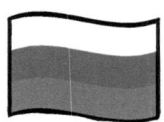

Russisch

bahasa Rusia

Portugees

bahasa Portugis

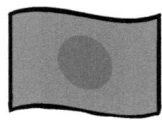

Bengali

bahasa Bengal

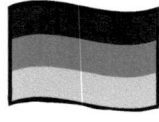

Duits

bahasa Jerman

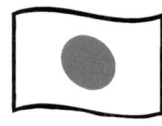

Japans

bahasa Jepang

ik

saya

u

kamu

hij / zij / het

dia

wij

kita

u

kalian

ze

mereka

wie?

siapa?

wat?

apa?

hoe?

begaimana?

waar?

dimana?

wanneer?

kapan?

naam

nama

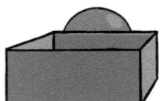

achter

dibelakang

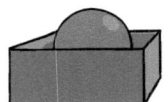

in

di

voor

didepan

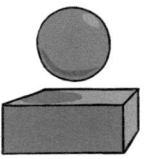

boven

diatas

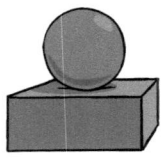

op

diatas

onder

dibawah

naast

sebelah

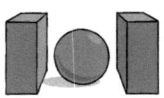

tussen

di antara

plaats

tempat